ESCHBACHER GESCHENKBÜCHER

Das richtige Wort,
die richtige Geste
im rechten Augenblick
möge dein Herz öffnen,
möge den Engel in dir
zum Schwingen bringen
und deine Seele
singen lassen,
damit dein Tag
gesegnet sei
vom Aufgang der Sonne
bis tief
in die Nacht.

Christa Spilling-Nöker

Komm, mein Engel, komm

Beflügelnde Worte für jeden Tag

Eschbach

Berühre mich mit dem Glanz deines Lichts

Wenn der Tag beginnt
und die ersten Sonnenstrahlen
mein Gesicht behutsam streifen,
dann möge mir vom Himmel her
ein Engel mitten ins Herz fallen,
so dass ich all das Schöne,
das an diesem Tag auf mich wartet,
voll auszukosten vermag,
damit ich alles Lästige
gelassen nehmen kann
und den Klängen des Himmels
einen Resonanzboden zu geben vermag
mit Leib und Seele,
ja, dass die Hand der Freude
mich an diesem Tag hält.

Andreas Felger, Himmelsherold ▹

Dein Engel spricht:
Fürchte dich nicht!
Brich auf von dem,
an das du dich geklammert hast
bei Tag und bei Nacht,
lass die verbrauchten Träume
hinter dir.
Dir ist verheißen,
dass du neues Leben
finden wirst,
dort, wo du es bisher vielleicht
am wenigsten
vermutet hast:
Die Zukunft ist noch
ein weites Feld.

Bewahrt vom Licht
einer anderen Welt,
beschenkt durch die Hand,
die dich in Not hält,
bewegt vom Geist der Lebendigkeit,
begnadet mit Liebesfähigkeit,
beschwingt durch der Engel
Flügelkraft,
behütet vom Morgen
bis in die Nacht.

Wenn schon des Morgens
trübe Gedanken
meine Seele verfinstern wollen,
dann berühre mich
mit dem Glanz deines Lichts,
verleihe meiner Schwermut Flügel,
damit ich mich leichten Herzens
aufschwingen kann
den Tag zu beginnen,
voller Erwartung und Lust.

Plötzlich und unerwartet
wird die Hoffnungslosigkeit
zu Grabe getragen,
denn da steht einer
an der Schwelle
im Licht
und öffnet dir
die Pforte zum Leben
noch einmal neu.
Wer hätte gestern noch
an die Wirklichkeit von
Engeln geglaubt?

Die Nacht des Todes
ist jetzt endgültig
vorüber.
Ein Engel steht
still am Grab;
schon bei Nacht
hat er den Stein
hinweggerollt
und weist dir den Weg
in die Freiheit,
zum Licht.
Nun steh du auch auf
und kehre zurück
in dein Leben.

Im Angesicht der Engel
wandelt sich der Schatten
zu Licht,
springen verschlossene
Türen auf,
verliert sich der Fluch
im Segen.
Im Angesicht der Engel
wird das Unmögliche möglich,
erdet sich der Himmel
in dir.

Warte nicht darauf,
dass aus den Wolken
zu dir ein Engel hinabsteigt
mit lockigem Haar
und Flügeln aus Gold.
Nimm seine Stimme wahr
in jedem Wort,
das dich wärmt,
in jedem Gedanken,
der dich aufrichtet,
in jeder zärtlichen Geste,
die dein Herz berührt.

Still und unsichtbar
stehen sie am Wegesrand.
Sie retten dich
durch die dunklen Täler
deines Lebens hindurch
und lassen dir auch
in tiefster Nacht
einen Stern am Himmel aufleuchten.
Sie weiten die Enge
deiner Angst
hin zu helleren Räumen,
in denen Freude keimen
und Zuversicht wachsen kann.
Still und unsichtbar
geben sie dir Geleit;
Lichtboten einer unsichtbaren Welt:
die Engel.

Manchmal möchte ich dein Engel sein

Manchmal möchte ich
dein Engel sein:
Ich möchte dich stärken,
wenn du schwach bist,
dich tragen,
wenn du dich auf unsicherem
Boden bewegst,
und hinter dir stehen,
damit dir niemand
in den Rücken fällt.
Ich möchte dich trösten,
behutsam und sacht,
und aufmerksam sein
auf jedes Wort deiner Klage.
Auf dem Weg der Wandlung
von der Trauer
hin zum zarten Aufkeimen
neuer Hoffnung
würde ich dich gerne begleiten.
Manchmal möchte ich
dein Engel sein
und dir das Tor öffnen
zu einer Welt, reich an
Freude und Frieden.

Marc Chagall, Der schützende Engel ▷

Marc
Chagall

Könnte ich doch
den Himmel
in Bewegung bringen
und alle Engel dazu beflügeln,
dich zu behüten,
damit keine dunkle Macht der Welt
dir etwas anhaben kann.
Wären mir doch bisweilen selbst
Flügel gewachsen,
dann könnte ich mich unentdeckt
unter die himmlischen Heerscharen
mischen,
um dich mit der Zartheit
eines Engels zu berühren
und ein Auge auf dich zu haben,
ein Auge der Liebe.

Behutsam will ich meine Hand
auf deine Wunden legen
und dich trösten,
wie nur ein Engel trösten kann.
Könnte doch meine stille Gegenwart
ein wenig heilen lassen von dem,
was dir auf deiner Seele liegt,
damit du dich in meiner Liebe
zu Hause und geborgen weißt.

Du bist schwach,
doch ich will dich stärken.

Du bist hungrig,
doch ich will dich nähren.

Du bist traurig,
doch ich will dich trösten.

Du bist müde,
doch ich will für dich wachen.

Du bist einsam,
doch ich will bei dir bleiben.

Du fühlst dich von Gott verlassen,
doch ich will mit dir beten.

Du zweifelst an den Menschen,
doch ich will dein Engel sein.

Über dir der Himmel
mit seinem Licht,
unter dir die Erde,
die dich trägt,
dazwischen ein Engel,
der dich küsst,
mitten ins Herz.

Bist du bei mir,
so lege deine Hand
ganz still in meine,
bis deine Seele
mich gar sanft berührt
und Wesensnähe
zum Geheimnis
von Verschmelzung führt.

Bist du bei mir,
so wandelt sich
die Angst zu Freude,
die vielen Fragen
ahnen Antwort,
und ganz behutsam
kann ich spüren,
wer ich bin.

Möge dich ein Engel
auf deinen Wegen behüten und
vor allem Dunklen bewahren.
Möge er deine Sorge tragen helfen
und dein Leben von innen her
erwärmen und erleuchten
und dir die Gewissheit schenken:
Es ist gut, dass es dich gibt.
Wenn du ihn spürst,
ist es vielleicht ein Gedanke
der Liebe von mir.

Ein Engel hat mich zart berührt,
ein Engel hat mich ins Leben geführt.

Ein Engel hat Türen in mir aufgemacht,
ein Engel hat mit mir geweint und
gelacht.

Ein Engel wies mir den Weg zum Licht,
ein Engel sprach: »Fürchte dich nicht!«

Ein Engel hat mich von Angst befreit,
ein Engel schenkte mir Zärtlichkeit.

Ein Engel gab mir Wärme und Glück,
ein Engel führt' mich zum Glauben
zurück.

Ein Engel hat mir Trost geschenkt,
ein Engel hat Liebe in mich gesenkt.

Ein Engel zeigte mir in der Zeit
Augenblicke göttlicher Ewigkeit.

Ein Engel ist bei mir auf meinen Wegen,
ein Engel stärkt mich mit seinem Segen.

Ein Engel ist nicht mit Flügeln gekommen,
Gott hat sich den Menschen zum Boten
genommen.

Führe mich durch meinen Tag

Manchmal
stellt sich mir
mitten am Tag
ein Engel in den Weg,
an dem kein Vorbeikommen ist.
Unsichtbar
durchkreuzt er
all meine Pläne
und zwingt mich,
eine andere Richtung
einzuschlagen.
Erst sehr viel später
vermag ich zu sagen:
Gott sei Dank.

Paul Klee, Engel noch tastend, 1939 ▹

Meine Seele ist müde und leer,
und meine Worte
sind nicht der Rede wert.
Meine Hoffnungen sind verdorrt,
und meine Zukunft breitet sich
wie eine Wüste vor mir aus.
Würde doch ein Engel
mich berühren und bewegen,
dass ich seinen Spuren
folgen kann
und sich die versiegten Quellen
neu mit Lebensfreude füllen
und mit Kraft.

Ich will dich nicht bitten,
mich über alle Widrigkeiten,
die dieser Tag
für mich bereit halten mag,
hinwegzutragen.
Aber dass du mir
deine segnende Hand reichst,
darum bitte ich dich.
Schenke mir auch die Stärke,
manches leicht zu nehmen,
damit ich durch die Probleme,
die sich mir in den Weg stellen,
hindurchkomme
und am Abend
trotz allem, was mir an diesem Tag
schwer gefallen ist,
sagen kann:
Auch heute war wieder
ein guter Tag.

Du fragst,
wenn dich ein Unglück trifft,
wo er denn geblieben sei,
dein Engel.
Wie oft aber
bist du in deinem Leben
über dunkle Täler
hinweggetragen,
vor Leid bewahrt
und in Gefahr
behütet worden.
Hast du da jemals
an Engel gedacht?

Manchmal
stehst du am Abgrund
und möchtest am liebsten
in der Tiefe versinken.
Aber dein Engel
zieht dich sacht zurück.
Auf seinen Flügeln
trägt er dich hinüber
auf die andere Seite
und spricht:
»Fang an zu leben,
ich bin ja bei dir.«

Die Schwere vergangener Tage
freigeben können
und sich dankbar erinnern an das,
was an Beglückendem geschah.
Gespannt und in guter Hoffnung
warten auf das,
was die Zukunft
an Überraschendem in sich birgt.
Zwischen gestern
und morgen
die Zeit füllen mit dem,
was das Herz
im Augenblick bewegt.
Mit den Füßen auf der Erde,
mit den Träumen schon im Himmel
und beflügelt dabei
auf dem Weg
zu sich selbst.

Der Engel in dir
will dich weiten,
will dich bergen
in freieren Räumen,
zur vielseitigen
Gestaltung
und Rundung
deiner selbst.

Im Himmel
jauchzen und musizieren
tausende Engel in Chören.
Ihre Lippen
formen Liebkosungen
und ihre Gesänge preisen
Zartheit und Glück.
Tanzend feiern sie
das Wunder des Lebens.
Ja, staune du nur,
denn dieser Himmel ist
in dir.

Möge dich
ein Engel berühren
im Vorübergehen
und deine Zaghaftigkeit
beflügeln,
deine Gedanken erhellen,
deine Seele erleuchten
und deine Schritte stärken
auf dem Weg
zur Begegnung
mit dir selbst.

von innen her beflügelt

Durchlässig sein
für das Licht,
Ausstrahlung
von der Mitte her.
In sich schwingen,
Bewegung hin
zum Leben.
– Engel –
sein.

Rudolf Leitner-Gründberg,
»Tür an Tür wohne ich mit Euch«, 1998 ▷

Aus manchem Lebenskampf
bist du schwer angeschlagen
hervorgegangen,
hinkend und taumelnd,
auf der Suche nach Sinn
auch der verstellten Wege.
Vielleicht bedarf es
des Ringens und Trotzens
in schlafloser Nacht,
um den Segen des Engels
letztendlich doch noch
zu erringen
und dich versöhnen zu können
mit dir selbst.

Es gibt so viele
ausgetretene Pfade,
die dich einladen,
ihrer sicheren Richtung
zu folgen.
Lass sie links liegen
und vertraue
den Spuren der Engel
in deiner Seele.
Geh deinen
eigenen Weg.

Versuche Atemzug um Atemzug
zur Ruhe zu kommen.
Schicke all die quälenden Gedanken,
die dir immer und immer wieder
durch den Kopf gehen,
zum Himmel hinauf,
damit du frei wirst,
den Stimmen der Engel zu lauschen,
und dein inneres Ohr empfänglich
wird
für ihre Botschaft:
Fürchte dich nicht –
alles wird gut.

Zart wie ein Schmetterling
hat mich die Liebe
berührt;
flügelleicht
tauchte meine Seele
in seliges Erschauern
inneren Lichts.

Wenn mich die Nacht quält
und Ruhelosigkeit
von meiner Seele Besitz ergreift,
wenn mich die dunklen Geister
der Angst wieder heimsuchen
und das Gefühl der Ausweglosigkeit
mir den Atem raubt,
dann breite deine schützenden Flügel
über mir aus,
verscheuche die quälenden Schatten
durch den Glanz deines Friedens,
senke die Fülle deines Segens
in mein ausgebranntes Herz,
damit die schwarze Nacht sich verwandelt
durch die Hoffnungsschimmer
deines Lichts.

Halte deine Flügel über mich
gebreitet,
wenn der letzte Lichtstrahl der
Abendsonne
in der Nacht versinkt.
Erfülle mein Herz
im Blick auf den verflossenen Tag
mit Dankbarkeit und Frieden.
Bewahre mich
vor allen Gefahren von außen
und lass keine dunklen Träume
aus meiner Seele aufsteigen,
damit ich Ruhe finde
in den Stunden der Nacht
und dem kommenden Morgen
getrost entgegen zu schlafen vermag.

Am Abend
innehalten können:
die Stille auskosten
von Augenblick
zu Augenblick
und sein dürfen,
einfach nur sein:
nichts sagen,
nichts fragen,
nichts machen,
nichts müssen,
einfach nur sein,
voll gegenwärtig,
engelleicht.

Segne, mein Engel,
was ich an diesem Tag gedacht,
geredet und getan habe.
Nimm alles Böse davon
in dich auf
und umhülle es
mit deinen Schwingen
in ewiges Schweigen.
Alles Gute und Heilvolle,
das von mir ausgegangen ist,
aber lass ein Echo finden
in der Welt
und lebendig weiterwirken.

Berührt mich still bei Nacht

Wenn die Engel
still bei Nacht
Schritt für Schritt
die Leiter vom Himmel
zur Erde heruntersteigen,
dann wünsche ich dir,
dass sie deine Seele streifen
im Vorübergehen
und dich spüren lassen,
dass du ihnen
in deinen segensreichen Seiten
gleichst.

Marc Chagall, Jakobs Traum, 1930-32 ▷